BEI GRIN MACHT SICH IHR WISSEN BEZAHLT

- Wir veröffentlichen Ihre Hausarbeit, Bachelor- und Masterarbeit

- Ihr eigenes eBook und Buch - weltweit in allen wichtigen Shops

- Verdienen Sie an jedem Verkauf

Jetzt bei www.GRIN.com hochladen und kostenlos publizieren

Pamina Russek

Transference-Focussed-Psychotherapy (TFP)

Eine manualisierte psychodynamische Langzeittherapie für Patienten mit Borderline-Störung

GRIN Verlag

Bibliografische Information der Deutschen Nationalbibliothek:

Die Deutsche Bibliothek verzeichnet diese Publikation in der Deutschen Nationalbibliografie; detaillierte bibliografische Daten sind im Internet über http://dnb.d-nb.de/ abrufbar.

Dieses Werk sowie alle darin enthaltenen einzelnen Beiträge und Abbildungen sind urheberrechtlich geschützt. Jede Verwertung, die nicht ausdrücklich vom Urheberrechtsschutz zugelassen ist, bedarf der vorherigen Zustimmung des Verlages. Das gilt insbesondere für Vervielfältigungen, Bearbeitungen, Übersetzungen, Mikroverfilmungen, Auswertungen durch Datenbanken und für die Einspeicherung und Verarbeitung in elektronische Systeme. Alle Rechte, auch die des auszugsweisen Nachdrucks, der fotomechanischen Wiedergabe (einschließlich Mikrokopie) sowie der Auswertung durch Datenbanken oder ähnliche Einrichtungen, vorbehalten.

Impressum:

Copyright © 2011 GRIN Verlag GmbH
Druck und Bindung: Books on Demand GmbH, Norderstedt Germany
ISBN: 978-3-656-15916-2

Dieses Buch bei GRIN:

http://www.grin.com/de/e-book/191145/transference-focussed-psychotherapy-tfp

GRIN - Your knowledge has value

Der GRIN Verlag publiziert seit 1998 wissenschaftliche Arbeiten von Studenten, Hochschullehrern und anderen Akademikern als eBook und gedrucktes Buch. Die Verlagswebsite www.grin.com ist die ideale Plattform zur Veröffentlichung von Hausarbeiten, Abschlussarbeiten, wissenschaftlichen Aufsätzen, Dissertationen und Fachbüchern.

Besuchen Sie uns im Internet:

http://www.grin.com/

http://www.facebook.com/grincom

http://www.twitter.com/grin_com

Transference-Focussed-Psychotherapy (TFP) – Eine manualisierte psychodynamische Langzeittherapie für Patienten mit Borderline-Störung

Pamina Russek

Ludwig-Maximilians-Universität München

Department Psychologie

Institutsbereich: Klinische Psychologie

Hausarbeit im Rahmen des Projektseminars II

WS 2010 / 2011

Inhaltsverzeichnis

1	Einleitung	3
2	Die Borderline-Persönlichkeitsstörung – eine Definition	4
3	Die Übertragungsfokussierte Psychotherapie nach Kernberg	4
4	Abgrenzung zu anderen Behandlungsmodellen	6
5	Die strategischen Prinzipien der TFP	6
6	Die spezifischen Interventionen	10
7	Der Therapievertrag	11
8	Die frühe Therapiephase: Austesten des Therapierahmens und Impulskontrolle	11
8.1	Die Fähigkeit, die Beziehung zum Therapeuten aufrechtzuerhalten	11
8.2	Die Kontrolle über Impulsivität und Selbstdestruktivität	12
8.3	Affektstürme und ihre Umwandlung in dominante Objektbeziehungen	13
9	Die mittlere Therapiephase: Integration und Umgang mit regressiven Episoden	13
9.1	Ein vertieftes Verständnis der zentralen Übertragungsmuster	13
9.2	Vertiefung des Verstehens von Spaltungsvorgängen und das Bemühen um Integration	15
9.3	Ausweitung des Behandlungsfokus in der mittleren Therapiephase	17
10	Die fortgeschrittene Therapiephase und Beendigung der Therapie	18
10.1	Klinische Charakteristika der fortgeschrittenen Therapiephase	19
10.2	Die Beendigung der Therapie	22
11	Limitierungen und kritische Zusammenfassung	25
12	Literaturverzeichnis	27

1 Einleitung

Die Borderline-Persönlichkeitsstörung ist eine schwer zu verstehende Erkrankung. Über Jahrzehnte hinweg stritten sich Ärzte und Psychologen darüber, ob es sie überhaupt gibt. Erst die umfangreiche Forschung der letzten 20 Jahre hat gezeigt, dass es sich bei der Borderline-Störung um eine klar abgrenzbare psychische Erkrankung handelt, die verbreiteter ist als gemeinhin angenommen: Etwa 2 Millionen Menschen sind im deutschsprachigen Raum betroffen. Die Borderline-Störung tritt damit häufiger auf als beispielsweise die Schizophrenie.

Trotzdem ist in der Öffentlichkeit über diese Erkrankung bisher erst sehr wenig bekannt. Das mag auch daran liegen, dass Borderline für Außenstehende schwer einfühlbar ist: Wie kann innerhalb von Minuten aus Zuneigung Hass, aus Freude Verzweiflung werden? Warum fügt sich jemand selbst schwerste Verletzungen zu? Zudem wirken die Betroffenen häufig zu gesund, um als krank zu gelten. Betroffene und Angehörige haben es deshalb schwer, Verständnis und hilfreiche Informationen zu finden. Sie scheuen sich, über ihre Erfahrungen zu berichten, weil Borderline heute weiterhin ein großes Tabuthema ist.

Lange galt die Borderline-Störung als nicht behandelbar. Inzwischen hat sich gezeigt dass es wirkungsvolle psychiatrische und psychotherapeutische Behandlungsmethoden gibt, die jedoch auf die Borderline-Problematik abgestimmt sein müssen.

Hier setzt die Transference-Focused-Therapy (TFP) (z. dt. „Übertragungsfokussierte Psychotherapie") an. Die Übertragungsfokussierte Psychotherapie wurde von Otto F. Kernberg zur Behandlung von Patienten mit Borderline Persönlichkeitsstörung entwickelt und ist in jüngster Zeit ein zunehmend etabliertes Verfahren, dass sich bei Menschen mit einer Borderline-Störung als sehr erfolgreich erwiesen hat. Die TFP behandelt nicht nur Symptome, sondern eröffnet Chancen zur Veränderung der Persönlichkeit und Verbesserung der Lebensqualität.

Ziel dieser Arbeit ist es daher, einen umfassenden Einblick in die Methodik der TFP zu geben.

2 Die Borderline-Persönlichkeitsstörung – eine Definition

Die Borderline-Persönlichkeitsstörung (abgekürzt BPS) oder emotional instabile Persönlichkeitsstörung ist definiert durch ein tiefgreifendes Muster von Instabilität in den zwischenmenschlichen Beziehungen, im Selbstbild und in den Affekten sowie deutliche Impulsivität. Der Beginn liegt oftmals im frühen Erwachsenenalter bzw. in der Pubertät und manifestiert sich in verschiedenen Lebensbereichen.

Bei einer solchen Störung sind bestimmte Bereiche von Gefühlen, des Denkens und des Handelns beeinträchtigt, was sich durch negatives und teilweise paradox wirkendes Verhalten in zwischenmenschlichen Beziehungen sowie im gestörten Verhältnis zu sich selbst äußert.

Die Bezeichnung Borderline (z. dt. Grenzlinie) entstammt der früheren Verortung im Grenzbereich zwischen den neurotischen Störungen und den psychotischen Störungen, da man Symptome aus beiden Bereichen identifizierte.

Seit den Arbeiten von Kernberg ist der Begriff keine „Verlegenheitsdiagnose" mehr, sondern als nosologische Entität und eigenes Krankheitsbild anerkannt. Manche Wissenschaftler fordern dennoch die Aufgabe des Begriffs, da er eigentlich keine Persönlichkeitsstörung, sondern differentialdiagnostische Probleme bezeichne. Die Frage der Einordnung ist ein zentrales Thema, zu dem es, ebenso wie zur Frage der Ursachen, bisher keinen Konsens gibt.

3 Die Übertragungsfokussierte Psychotherapie nach Kernberg

Die Übertragungsfokussierte Psychotherapie (TFP, Clarkin et al. 2001) wurde von Otto F. Kernberg zur Behandlung von Patienten mit Borderline Persönlichkeitsstörung entwickelt. Es handelt sich dabei um eine modifizierte Form der Psychoanalyse, die ambulant mit einer Frequenz von zwei Stunden pro Woche im Sitzen stattfindet. Vor Therapiebeginn wird ein Therapievertrag abgeschlossen, der beispielsweise den Umgang mit Selbstverletzungen beinhaltet. Wie bereits im Namen der Methode enthalten, steht die Arbeit an der Übertragungsbeziehung von Beginn der Therapie an im Mittelpunkt. Dabei werden Zusammenhänge zunächst geklärt („Klärung"), dann werden Patienten auf widersprüchliche Selbstanteile hingewiesen („Konfrontation") und anschließend die dysfunktionalen Erlebens- und Verhaltensmuster im Hier-und-Jetzt gedeutet („Deutung") - während in der klassischen Psychoanalyse der Therapeut sich auf eine Übertragungsbeziehung einlässt und den Patienten damit in der Regression unterstützt. Die in der psychoanalytischen Praxis üblichen genetischen Deutungen, die einen Zusammenhang von aktuellem Erleben und Verhalten zu biographisch frühen Erfahrungen herstellt, bleiben späteren Therapiestadien vorbehalten. Ziel der TFP ist es, die inneren Bilder des Patienten von sich selbst und anderen gestalthaft zu integrieren und dysfunktionale verinnerlichte Beziehungsmuster zu überwinden, um so in der Realität eine befriedigende Beziehungsgestaltung zu ermöglichen. Die Wirksamkeit der TFP wurde in verschiedenen Studien empirisch belegt (Perry 1999, Leichsenring 2003, Giesen-Bloo 2006, Levy et al. 2006, Clarkin et al. 2007).

Der Fokus der therapeutischen Arbeit liegt dabei auf der Durcharbeitung der therapeutischen Übertragung. Der psychoanalytisch ausgerichtete Therapieansatz ist stark modifiziert und diagnostische und therapeutische Konzepte erhalten eine besondere Gewichtung auf der Verhaltensebene.

Das Grundprinzip der TFP beruht auf der Überführung rigider und primitiver internalisierter Objektbeziehungen sowie abgespaltener Anteile in eine reifere, integriertere und flexiblere Form. Dies geschieht in der Arbeit an der Übertragung und am Widerstand durch Deutung dieser Tendenzen. Bei der TFP handelt es sich somit um eine integrierende Internalisierung abgespaltener Anteile.

In die psychodynamische Therapie der Borderline-Persönlichkeit mit TFP sind viele Elemente eingeflossen, die der klinischen Erfahrung bei der Psychotherapie von Patienten mit Borderline-Pathologie entsprechen. So stimmen beispielsweise die wichtigsten Vertreter eines psychodynamischen Ansatzes in zentralen Punkten überein.

Für eine erfolgreiche Behandlung ist der Fokus auf einen stabilen Behandlungsrahmen unabdingbar.

Auch eine im Vergleich zur Arbeit mit neurotischen Patienten erhöhte Aktivität des Therapeuten in den Sitzungen, eine Haltung, die durch die typischen Schwierigkeiten der Borderline-Patienten mit der Realitätsprüfung, projektiven Mechanismen und Verzerrungen notwendig wird, die Toleranz gegenüber der Feindseligkeit des Patienten, sowie die sorgfältige Überprüfung von Gegenübertragungsgefühlen, stellen wichtige Kriterien dar.

Die Reduzierung selbstdestruktiven Verhaltens durch Klärung und Konfrontation, mit dem Ziel, dieses Verhalten ich-dyston und unbefriedigend zu machen, der Einsatz von Deutungen, die dem Patienten helfen sollen, Handeln und Fühlen miteinander zu verbinden, sowie das Unterbinden von agierendem Verhalten durch Grenzsetzung, die den Patienten oder die Behandlung gefährden könnten, sind wesentliche Maßnahmen in den psychodynamischen Behandlungsansätzen.

4 Abgrenzung zu anderen Behandlungsmodellen

Die TFP geht vom Erleben äußerer Realität über die Struktur innerer Objektbeziehungen aus. Sie betont frühere Übertragungsdeutungen im Hier und Jetzt als Weg zur inneren Welt der Objektbeziehungen.

In dieser Hinsicht unterscheidet sich die TFP von der auf dem Mentalisierungskonzept basierenden Mentalization Based Treatment. MBT bedient sich zwar ebenfalls der Technik der Klärung und Fokussierung des interpersonellen und aktuellen psychischen Kontextes, verzichtet jedoch auf Deutungen, mit den Borderline-Patienten aufgrund ihrer mangelnden Symbolisierungsfähigkeit emotionaler Zustände überfordert seien.

Im Gegensatz zu dynamischen Ansätzen, die das Borderline-Syndrom als Reaktion auf tatsächliche Lebensereignisse betrachten, geht das TFP Modell von einem Zusammenwirken von Umwelteinflüssen einerseits und konstitutionell bedingter emotionaler Reaktivität andererseits aus. Die dadurch entstehende psychische Struktur ist charakterisiert durch die Verzerrung und Abspaltung früher innerer Bilder, die unverändert in der erwachsenen Psyche überdauern.

Im Vergleich zur Dialektisch-Behaviorale Therapie ist der TFP als Modell der Konfrontation und Interpretation/ Deutung verzerrter Inhalte behandlungstechnisch ein Schritt vorgeschaltet, in dem wir die verzerrte Wahrnehmung des Patienten validieren. Das kognitiv-behaviorale Modell postuliert keine innere psychische Struktur, noch sieht sie die Borderline-Störung mit einer spezifischen Aggressionsproblematik behaftet.

5 Die strategischen Prinzipien der TFP

Die Integration von Teil-Selbst und Teil-Objektrepräsentanzen erfolgt im Laufe eines Prozesses, bei dem der Therapeut die zugrunde liegenden Repräsentanzen des Patienten identifiziert, benennt und den Einfluss ermittelt, den sie auf sein Erleben zwischenmenschlicher Beziehungen ausüben. Die Therapie umfasst hierbei vier strategische Prinzipien, die im Folgenden vorgestellt werden.

Strategisches Prinzip 1: Definieren der dominanten Objektbeziehungen
Dieses Prinzip sieht vor, dem Patienten aufmerksam zuzuhören, seine Art der Beziehungsaufnahme zum Therapeuten zu beobachten und schrittweise die dominanten Objektbeziehungen des Patienten in Hier und Jetzt der therapeutischen Interaktion zu

definieren.

Hierbei lassen sich wiederum vier Schritte unterscheiden.

Schritt 1: Erleben und Tolerieren der Verwirrung
In der Arbeit mit Borderline Patienten macht sich oft schon in der ersten Stunde eine konfuse oder frustrierende Atmosphäre breit. Diese Erfahrung kann sehr unangenehm sein, insbesondere dann, wenn sie einem Gefühl besonderer Dringlichkeit einhergeht, das Borderline-Patienten häufig vermitteln. Diese Verwirrung kann bei dem Therapeuten zudem auch das Gefühl der Unfähigkeit auslösen. Diese Erfahrung sollte der Therapeut jedoch unvoreingenommen auf sich wirken lassen. Damit verschließt er sich nicht vorzeitig und zeigt seine Fähigkeit, auch heftige Gefühlszustände tolerieren zu können – eine Qualität, die meistens eine beruhigende Wirkung auf Patienten hat.

Schritt 2: Erkennen der dominanten Objektbeziehungen
Die Repräsentanzen, welche die innere Objektwelt bilden, sind nicht direkt beobachtbar. Nur aus den sich wiederholenden Interaktionsmustern des Patienten in seinen Beziehungen zu anderen Personen, insbesondere zum Therapeuten, können Rückschlüsse auf die internalisierten Objekte gezogen werden. Dazu ist es hilfreich, sich die Interaktionen als Szenen eines Dramas mit unterschiedlich verteilten Rollen vorzustellen, die wiederum die aktivierten Teil-Selbst- und Teil-Objektrepräsentanzen widerspiegeln. Indem sich der Therapeut die Rollen vor Augen führt, die der Patient gerade einnimmt bzw. dem Therapeuten zuschreibt, kann er ein lebendiges Bild der inneren Repräsentanzenwelt des Patienten gewinne. Eine mögliche Rollenaufteilung wäre etwa die eines strengen, angewiderten Elternteils und eines bösen, ekelhaften Kindes, umgekehrt aus einem liebvollen, toleranten Elternteil und einem spontanen, ungehemmten Kind.

Schritt 3: Benennen der Akteure
Sobald der Therapeut eine Vorstellung davon hat, welche bedeutsamen Selbst- und Objektrepräsentanzen im Augenblick wirksam sind, teilt er diesen Eindruck seinem Patienten mit. Der beste Zeitpunkt sind solche Momente, in denen der Patient selbst eine spontane Neugier bezüglich der Interaktion mit dem Therapeuten an den Tag legt und sich damit bereits ein Stück weit davon distanziert hat. Der Therapeut sollte den Prozess der Rollenzuschreibung zunächst als Hypothese formulieren, die zu überprüfen und anzupassen ist. Er sollte in den anschließenden Assoziationen aufmerksam auf Zustimmung oder Ablehnung seitens des Patienten achten und gegebenenfalls eine

korrigierte Version anbieten.

Ganz allgemein kann das Übertragungsmuster eines Patienten entweder als überwiegend *antisozial* (Mangel an aufrichtiger Kommunikation und Aufnahmebereitschaft), *paranoid* (ängstlich und misstrauisch) oder *depressiv* (selbstanklagend und schuldbewusst) charakterisiert werden. Darüber hinaus gibt es Varianten dieser Themenbereiche wir *narzisstische*, *erotische* und *abhängige* Übertragungen.

Schritt 4: Beobachten der Reaktion des Patienten
Eine zutreffende Formulierung der dominanten Objektbeziehung kann unterschiedliche Entwicklungen zur Folge haben. Zum einen kann es zu einer Verstärkung der benannten Selbst-Objekt-Interaktion kommen. Zum anderen ist ein plötzlicher Rollentausch denkbar, in dem das benannte Selbstbild auf den Therapeuten projiziert und das Objektbild in den Patienten zurück introjiziert wird. Liegt der Therapeut mit seiner Rollenbeschreibung hingegen falsch, kann der Patient offen widersprechen, sie als unzutreffend zurückweisen, aber auch zustimmen, wenn er dem Therapeuten gefallen will.

Mit Fortschreiten der Therapie führen zutreffende Interventionen immer häufiger zu einer Verlagerung weg von den geschilderten Dyaden und hin zur Aktivierung einer entgegengesetzten Dyade.

Strategisches Prinzip 2: Beobachten und Deuten der Rollenwechsel beim Patienten
Ein zentrales Merkmal der Selbst- und Objektrepräsentanzen, die eine Dyade bilden, besteht darin, dass sie sich im Laufe einer Sitzung (wie im realen Leben auch) häufig abwechseln. Für den Therapeuten ist es besonders wichtig, auf Rollenwechsel, die dem Patienten häufig selbst nicht bewusst sind, zu achten. Ein erster Schritt, dem Patienten bewussten Zugang zu seiner inneren Welt zu verschaffen, besteht somit darin, ihn darauf hinzuweisen, dass er eine Rolle übernimmt und inszeniert, die er für gewöhnlich dem Anderen zuschreibt.

Strategisches Prinzip 3: Beobachten und Deuten der Zusammenhänge zwischen sich gegenseitig abwehrenden Objektbeziehungsdyaden
In der Arbeit mit Borderline Patienten muss der Therapeut nicht nur die unterschiedlichen Zerrbilder, aus denen sich die Dyaden zusammensetzen, und das Hin und Her zwischen Selbst- und Objektrepräsentanzen innerhalb dieser Dyaden herausarbeiten, sondern er muss außerdem die Funktion erkennen, die eine Dyade in der Beziehung zu einer anderen ausüben kann, um die Fragmentierung und die Konflikte in der inneren Welt des Patienten

vollständig verstehen zu können.

Um diese Verständnisebene zu erreichen, muss der Therapeut zunächst ständig auf die verschiedenen Rollen achten, die der Patient erlebt oder inszeniert, ebenso auf die in der Gegenübertragung sich manifestierenden Rollen. Er muss anschließend prüfen, wie diese Rollenpaare oder Dyaden Triebe und Abwehr verkörpern und so organisieren, dass ein gewisses Maß an innerer Stabilität entsteht – auch wenn dadurch ein innerlich fragmentierter, nicht integrierter Zustand aufrecht erhalten bleibt.

Strategisches Prinzip 4: Arbeit an der Fähigkeit des Patienten, Beziehung anders zu erleben
Die Beziehung zum Therapeuten zu ergründen und sich seiner Zerrbilder, die er davon hat, bewusst zu werden, hilft dem Patienten, eine gesündere, realistischere Wahrnehmung dieser Beziehung zu entwickeln. Also weg von einer Beziehung, die extreme Gegensätze gekennzeichnet ist, und hin zu einer Beziehung mit Komplexität und Spielraum. Zudem lernt der Patient, wie diese neue Fähigkeit auch auf andere wichtige Beziehungen (Eltern, Ehepartner) übertragen werden kann.

Kennzeichen der Integration abgespaltener Teil-Objekte
Die Integration abgespaltener Teil-Objekt- und Teil-Selbst-Repräsentanzen ist ein sich wiederholender Prozess. Immer wieder muss der Therapeut in der Interaktion im Hier und Jetzt die gegensätzlichen Selbstanteile des Patienten identifizieren, die im Verlauf der Sitzungen zum Vorschein kommen. Im Verlauf des Prozesses wird sich schließlich sowohl ein integriertes Selbstkonzept als auch ein integriertes Konzept wichtiger Anderer herauskristallisieren.

Folgende Punkte sind dabei Kennzeichen einer Integration:
- Äußerungen des Patienten, die entweder ein Erweiterung oder eine zusätzliche Klärung der Kommentare des Therapeuten enthalten
- Tolerieren und Aushalten von bewusst gewordenen Gefühlen der Aggression und des Hasses
- Tolerieren und Öffnung eines Übergangsraumes
- Fähigkeit zur Integration von Deutungen primitiver Abwehrmechanismen, insbesondere der projektiven Identifizierung, und deren Tolerierung
- Durcharbeiten des pathologischen Größenselbst in der Übertragung
- Wechsel in den dominanten Übertragungsthemen
- Die Fähigkeit, Schuldgefühle zu erleben und in die depressive Position einzutreten

6 Die spezifischen Interventionen

Die technische Neutralität

Die Fähigkeit des Therapeuten, zu jedem Zeitpunkt in der Behandlung die aktiven dominanten Übertragungsmuster zu erkennen, zu klären und zu deuten, ist von seiner Position als neutraler Beobachter abhängig, der sich mit keiner der Konfliktseiten im Patienten verbündet.

Aufgrund der typischen Neigung von Borderline-Patienten zu gefährlichem Agieren sich selbst, anderen Personen oder der Therapie gegenüber, erfordert es bisweilen ein strategisches Verlassen der technischen Neutralität, die anschließend durch Deutungen wieder hergestellt werden muss.

Auch eine Parteinahme des Therapeuten dem Patienten muss vermieden werden. Patienten versuchen häufig, ihren Therapeuten dazu zu bewegen, sich mit einem Aspekt ihres Selbst gegen einen anderen zu verbünden, in dieses Situationen muss der Therapeut dann eindeutig Stellung beziehen um andere oder aber auch sich selbst vor aggressiven Impulsen zu schützen.

Integration von Gegenübertragungsmaterial

Neben den verbalen Äußerungen des Patienten sowie seinem Verhalten auf nonverbaler Ebene stellt die Gegenübertragung der Therapeuten den dritten Kommunikationskanal zwischen Patient und Therapeut dar.. Unter Gegenübertragung verstehen wir – entsprechend der aktuellen Auffassung in der psychoanalytischen Literatur – alle emotionalen Reaktionen des Therapeuten auf den Patienten zu jedem beliebigen Zeitpunkt. Dabei spielen sowohl die Übertragungen des Patienten und seine Lebensumstände, als auch die eigenen Übertragungen des Therapeuten, die seiner inneren Welt entspringen und seinen Lebensumständen wichtige Rollen.

Dabei lässt sich die Gegenübertragung des Therapeuten als entweder *konkordant* oder *komplementär* klassifizieren.

Konkordante Gegenübertragung bedeutet, dass sich der Therapeut affektiv mit dem aktuellen subjektiven Erleben des Patienten identifiziert – das innere Erleben des Therapeuten entspricht dem Selbsterleben des Patienten.

Komplementäre Gegenübertragung heißt, dass sich der Therapeut mit den Anteilen an Selbst- und Objektrepräsentanzen identifiziert, die der Patient zu einem bestimmten Zeitpunkt auf den Therapeuten projiziert.

Gegenübertragungsreaktionen lassen sich auch als *akut* oder *chronisch* klassifizieren.

Akute Gegenübertragungsreaktionen können sehr hilfreich sein, wenn es darum geht, bestimmte Anteile in der inneren Weilt des Patienten zu erkennen.

Chronische Gegenübertragungsreaktionen sind problematische rund für gewöhnlich ein Hinweis auf eine chronsiche ungelöste Übertragungs-Gegenübertragungsentwicklung beziehungsweise ein Stillstand in der Behandlung.

7 Der Therapievertrag

Der Prozess der Vertragsvereinbarung

Das Aushandeln des Vertrages wird nicht einseitig vom Therapeuten geführt, sondern entwickelt sich aus einem Dialog. Es ist wichtig, das sich der Behandler auf keinerlei therapeutisches Unterfangen einlässt, welches heroische Anstrengungen abverlangt. Die Versuchung, eine heldenhafte Therapie zu beginnen, ist bereits ein erster Hinweis auf eine beginnende Übertragungsproblematik.

Die Verantwortlichkeiten des Patienten

Dazu gehören folgende Bereiche, die routinemäßig besprochen werden müssen: Das Erscheinen zu den Sitzungen, die Mitarbeit in der Therapie, eine klare finanzielle Regelung und das Verhalten in der Therapie

Die Verantwortlichkeiten des Therapeuten

Verantwortlichkeit definiert die engagierte Teilnahme und betont den Arbeitscharakter der Therapie. Hauptaufgabe des Therapeuten ist es, dem Patienten zu helfen, größeres Verständnis von sich selbst, seiner Persönlichkeit und seinen Schwierigkeiten zu gewinnen, um dadurch seine Probleme lösen zu können.
Zu den Verantwortlichkeiten zählen darüber hinaus Terminplanung, die Honorarregelung, die Erläuterung der Behandlungsmethode und das Einhalten der Schweigepflicht.

8 Die frühe Therapiephase: Austesten des Therapierahmens und Impulskontrolle
8.1 Die Fähigkeit, die Beziehung zum Therapeuten aufrechtzuerhalten

Therapeutisches Bündnis

Als einer der stabilsten empirischen Belege der Psychotherapieforschung gilt der hohe Stellenwert, den die frühe therapeutische Allianz zwischen Therapeut und Patient hinsichtlich Behandlungsprozess und Behandlungsergebnis einnimmt.
Die TFP ist eine Behandlungsform, die die Beziehung zwischen Therapeut und Patient ins

Zentrum ihrer Betrachtung stellt. Dabei handelt es sich um eine Beziehung, die sowohl real ist, als auch vom Patienten geschaffen wird, basierend auf den inneren Objektrepräsentanzen, die seine Wahrnehmung des Therapeuten bestimmen.

Vier Aspekte können dabei unterschieden werden:
Erstens die Erwartungen, die Patient und Therapeut an die Behandlung haben: Ziele, Prozess, welche Rolle soll der Therapeut haben, zweitens das affektive Engagement des Therapeuten für den Patienten; affektiv besetzt werden die in der realistischen Hoffnung des Therapeuten repräsentierten entwicklungsfähigen Potenziale im Patienten. Drittens die Aggressionstoleranz bei Therapeut und Patient und viertens die Fähigkeit von Patient und Therapeut, einen sinnvollen therapeutischen Dialog miteinander zu gestalten; Patient nutzt Interpretationen um darauf aufzubauen und der Therapeut ist fähig, genau zuzuhören.

Austesten der Behandlung und des Behandlungsrahmens
Dieses Verhalten ist für Boderline-Patienten typisch. Zum einen rührt es aus der Schwierigkeit, anderen Menschen zu trauen. Da Borderline-Patienten nicht über die innere Sicherheit verfügen, dass es andere Menschen geben könnte, die fü sie da sind, entwickeln sie die Überzeugung, nur über das Kontrollieren der Anderen Verletzung und Verlassenwerden vermeiden zu können.

Das Austesten ist also ein Versuch, zu prüfen, ob der Therapeut kontrolliert werden kann. Dazu gehört auch die innere Überzeugung, dass Beziehung an sich auf gegenseitiger Kontrolle basiert, nach dem Motto: „Wenn ich den anderen nicht kontrolliere, wird er mich kontrollieren."

Das Versäumen von Sitzungen in der frühen Therapiephase
Vom Therapeuten ist in diesen Fällen ein aktives Vorgehen gefragt. Das heißt – telefonisch oder schriftlich nachfragen, was es mit der Abwesenheit auf sich hat.

8.2 Die Kontrolle über Impulsivität und Selbstdestruktivität
Suiziddrohungen und selbstzerstörerisches Verhalten
Im Therapievertrag sind die Verantwortlichkeiten von Patient und Therapeut hinsichtlich der Suizidalität des Patienten festgelegt. Suizidalität ist mit oberster Priorität zu behandeln. Der Therapeut muss in diesem Fall das Problem der Selbstdestruktivität erneut zur Sprache bringen um sicherzustellen, dass der Patient sich an die Vereinbarungen hält und um gemeinsam mit dem Patienten zu verstehen, warum diese Problem gerade zu diesem

Zeitpunkt auftritt.

Parasuizidales Verhalten

Typisch für Borderline-Patienten sind Schnittverletzungen oder „Mini"-Überdosierungen – also selbstzerstörerische, aber nicht lebensgefährliche Verhaltensweisen. Ziel ist es hier, deutlich zu mache, dass selbstverletzendes Verhalten dem TFP-Prinzip entgegensteht, die Sicherheit des Patienten zu gewährleisten, und für ausreichend Zeit und Raum zu sorgen, um Sinn und Bedeutung in der Übertragung zu verstehen.

8.3 Affektstürme und ihre Umwandlung in dominante Objektbeziehungen

In der Behandlung von Borderline-Patienten hat man es meist mit zwei Arten von Affektstürmen zu tun.

Erstens, offene und unverhohlene affektive Entladungen in der Sitzung selbst. Diese entladen sich meist durch eine aggressiv aufgeladene und fordernde Haltung des Patienten, könne aber auch mit sexualisierten Attacken einhergehen.

Die zweite Art von Affektsturm verbirgt sich hinter einem sich wiederholenden Verhaltensmuster, welches durch eine flache und monotone Stimmlage charakterisiert ist. Es ist, als sei der Patient nur teilweise lebendig, während sich im Therapeuten Langeweile, Gleichgültigkeit oder Wut ausbreiten angesichts der Aussichtslosigkeit des therapeutischen Unterfangens.

Der therapeutische Umgang mit Affektstürmen

Hier ist eine objektzentrierte Deutung vonnöten. Der Therapeut beschreibt, wie ihn der Patient wahrnimmt – zum Beispiel „ Sie sehen mich als ...", oder „Sie haben das Gefühl, als hätten Sie es mit ... zu tun" -, ohne sich diese Wahrnehmung des Patienten zu eigen zu machen oder zurückzuweisen.

Eine angemessene responsive Affektivität ermöglicht es zudem dem Therapeuten, Schritt für Schritt die dominanten Objektbeziehungen von der Oberfläche in die Tiefe zu deuten, beginnend mit der bewussten Wahrnehmung des Patienten bi hin zu den unbewussten, dissoziierten, verdrängten oder projizierten Anteilen sowie den Beweggründen, diese abzuwehren.

9 Die mittlere Therapiephase: Integration und Umgang mit regressiven Episoden
9.1 Ein vertieftes Verständnis der zentralen Übertragungsmuster

In der Behandlung von Borderline-Patienten gibt es drei chronische Übertragungsmuster: Erstens die psychopathischen Übertragungen, zweitens die paranoiden Übertragungen und drittens die depressiven Übertragungen. Psychopathische Übertragungen begegnen dem Therapeuten als unverhohlene Täuschung oder Unehrlichkeit. Sie dienen der Abwehr von paranoiden Übertragungen. Ihre systemische Analyse mündet, wenn alles gut geht, in die Transformation in paranoide Übertragungen. Diese können sich ganz unmittelbar als paranoide Merkmale präsentieren, begleitet von einer Angst des Patienten, durch den Therapeuten geschädigt zu werden, oder aber als chronisch masochistische oder sadomasochistische Übertragungen.

Die Mehrzahl der Borderline-Patienten beginnt die Therapie hingegen mit einer vorwiegend paranoiden Übertragung. Diese wehren depressive Übertragungen ab, und die therapeutische Arbeit besteht meist darin, diese paranoide in Richtung depressive Übertragung zu entwickeln, um diese schließlich aufzulösen.

Die Integration negativer Affekte

Die Behandlung negativer Affekte in der Übertragung – Wut, Zorn und Hass miteingeschlossen – setzt als erstes deren Bewusstmachung und Tolerierung voraus. Negative Affekte als zu sich gehörig anzuerkennen, bedeutet, sie nicht einfach nur hinzunehmen, sondern ebenso als Quelle von Befriedigung zu verstehen. Ist der Patient in der Lage, das Erleben negativer Effekte und seine Beweggründe zu tolerieren, sie zu projizieren, zu verstehen, erleichtert dies die Integration mit den entsprechenden idealisierten Selbst- und Objektrepräsentanzen.

Der erste Schritt, dem Patienten zu helfen, den eigenen Hass zu ertragen und anzuerkennen, dass die sadistischen Aspekte des verfolgenden inneren Objekts auch lustvollen Charakter haben, ist die Deutung der vermeintlichen Unerträglichkeit des Hasses. Dem Patienten zu helfen, sich der lustvollen Seite aggressiver Affekte bewusst zu werden – wie sie sich auf im Verhalten dem Therapeuten gegenüber äußern können – ist ein wichtiger Schritt, dies auch zu tolerieren.

Das Spektrum sexueller Beziehungen bei Patienten mit BPS

Wenn wir über Liebe und Sexualität sprechen, so stellen wir fest, dass sich beide Bereiche nicht vollständig überschneiden. Sexualität vereint in sich libidinöse und aggressive Elemente und stellt und stellt in gewissem Sinne eine Grenze zwischen beiden dar. Die Entwicklung einer reifen und von Intimität geprägten Sexualität ist ein Ziel der TFP, insbesondere in solchen Fällen, in denen sie gehemmt oder überwältigen mit Aggression durchdrungen ist. In diesem Zusammenhang ist es wichtig, einen Eindruck von der sexuellen Vorgeschichte des Patienten zu gewinnen und auf entsprechende Hinweise in der Behandlung zu achten.

Im Allgemeinen weisen Patienten mit einer BPS zu Beginn einer Behandlung eine deutliche Pathologie bezüglich ihrer sexuellen Anpassung auf. Bei schwerer BPS – also Patienten mit narzisstischer Pathologie, antisozialen Tendenzen und ich-syntoner Aggression – kann die Fähigkeit, Lust an „normaler" Sexualität zu empfinden, vollkommen fehlen. So kann es sein, dass diese Patienten überhaupt keine sexuelle Lust verspüren und keinerlei sexuelles Empfinden gegenüber einem anderen Menschen empfinden.

Patienten mit BPS sind zwar sexuell erregungsfähig, ihnen fehlt jedoch die Fähigkeit zu r tiefen Bindung an einen Liebespartner. Viele von ihnen waren nie verliebt. Ihre auffallende Promiskuität ist häufig verbunden mit sexuellem Verlagen nach einer Person, die von anderen als attraktiv und begehrenswert angesehen wird. Mit dieser Art von Bindung kann die sexuelle Befriedigung zwar das Bedürfnis nach Eroberung stillen, gleichzeitig wird jedoch ein unbewusster Prozess der Entwertung in Gang gesetzt, der zum Verlust der sexuellen Erregung und damit zum Verlust des Interesses am Gegenüber führt.

Die Behandlungsziele auf sexuellem Bereich sind bei diesen Patienten meist begrenzt. Die Integration primitiver, abgespaltener, idealisierter und verfolgender internalisierter Objektbeziehungen kann bei diesen Patienten allerdings die Fähigkeit zur Idealisierung entstehen lassen und ihre Sehnsucht danach einer idealisierten Beziehung zum Ausdruck bringen. Mit Hilfe der Behandlung könne sie möglicherweise eine affektiv bedeutsame Bindung eingehen, aber keine leidenschaftliche Liebe zeigen.

9.2 Vertiefung des Verstehens von Spaltungsvorgängen und das Bemühen um Integration

Der Beginn des Integrationsprozesses nach einigen Monaten signalisiert die Fähigkeit des Patienten, über seine innere Welt nachzudenken und sie zu verändern. Wiederholte Zyklen des Durcharbeitens führen zu einer entsprechenden Stabilisierung der integrativen Arbeit.

Projektion und Integration

Mit zunehmender innerpsychischen Integration und einer Verbesserung der Realitätsprüfung gehen die Verzerrungen der Wahrnehmung, die auf dem Erleben rigider innerer Dyaden basieren, zurück. Menschen und Situationen , die zuvor als bedrohlich galten, wird nun mit größerem Wohlwollen begegnet, während aggressive und libidinöse

Gefühle in einem komplexen Zusammenspiel zunehmende Differenzierung und Integration erfahren. Der Patient ist also in der Lage, negative Gefühle in einer Liebesbeziehung zu tolerieren und dadurch eine Vertiefung der Beziehung zuzulassen, welche sonst durch negative Emotionen vergiftet und zum Scheitern verurteilt gewesen wäre. Unbewusste aggressive Gefühle, die zuvor die „Liebes"Beziehung durchdrungen und zu sadomasochtistischen Gefühlen geführt haben, werden als Teil der inneren Welt des Patienten angenommen und sowohl sublimiert als auch situativ angemessener zum Ausdruck gebracht.

Schwere aggressive Durchdringung des Sexualverhaltens

In einer bestimmten Gruppe von Patienten mit einer BPS weist das Sexualverhalten in hohem Maße selbstdestruktive bis hin zu lebensbedrohlichen Zügen auf. Wichtig ist auch hier die Integration der damit in Zusammenhang stehenden dissoziierten Selbstanteile. Abgespaltene, aggressiv durchzogene libidinöse Impulse drücken sich anfangs oft in selbstzerstörerischem, provozierendem Verhalten aus und, wenn dieser wesentliche abgespaltene Teil des Selbst in das Bewusstsein des Patienten gelangt ist, in einer vorübergehenden multiplen Persönlichkeitsstörung.

Wenn liebevolle und sexuelle Gefühle stabiler werden

Starke erotische Übertragungen während der Therapie können in Ansprüche des Patienten nach Erfüllung seiner erotischen Wünsche münden. Manche Patienten verfallen erneut in selbstdestruktives Agieren auf sexueller Ebene – Promiskuität, ungeschützter Geschlechtsverkehr – um den Therapeuten, der auf ihre sexuellen Wünsche nicht eingeht, die Schuld für ihre Verhalten zuzuschieben. In diesen Fällen ist eine gründliche Durcharbeitung der Gegenübertragung unerlässlich, um über die sexuellen Gefühle, Wünsche und Ängste des Patienten sprechen zu können, ohne sich unnötig gehemmt zu fühlen oder aber erotische Gegenübertragungen auszuagieren.

So wie in anderen Behandlungsphasen intensiver Hass in der Gegenübertragung toleriert werden muss, so müssen auch sexuelle und erotische Gegenübertragungsgefühle – ohne sie dem Patienten mitzuteilen – ohne Einschränkung toleriert und für eine tiefgreifende Analyse der dominanten Objektbeziehungen nutzbar gemacht werden. Aggressive und sadistische Aspekte in den offen geäußerten sexuellen Forderungen des Patienten helfen im Rahmen der Gegenübertragungsanalyse, die komplexe Natur der erotischen Gefühle des Patienten zu klären.

9.3 Ausweitung des Behandlungsfokus in der mittleren Therapiephase

Die Arbeit an den für die mittlere Therapiephase typischen Problemen kann es notwendig machen, den Übertragungsfokus auszuweiten auf erstens die aktuelle äußere Realität des Patienten, zweitens die zeitlich überdauernden typischen Interaktionsmuster im zwischenmenschlichen Bereich, drittens die Lebensgeschichte des Patienten und die entsprechende therapeutische Herangehensweise sowie viertens die Phantasien des Patienten, welche sich zunehmend vom Erleben der äußeren Realität zu unterscheiden beginnen.

In der Anfangsphase der Therapie, wenn Angriffe auf den Rahmen und agierendes Verhalten langsam zurückgehen und entsprechend gehalten werden können, liegt das Hauptaugenmerk auf der Identifizierung der wichtigsten inneren Objektbeziehungsdyaden des Patienten. Dies geschieht im Wesentlichen über ein aufmerksame Beobachtung.

Die Fokussierung von Übertragung *und* äußerem Leben des Patienten

Neben der Fokussierung der Übertragung ist es auch Aufgabe des Therapeuten, sich aktiv nach dem leben des Patienten außerhalb der Therapie zu erkundigen. Dieser behandlungstechnische Aspekt unterscheidet die TFP von der traditionellen psychoanalytischen Psychotherapie. Aktives Nachfragen kann wichtige Informationen zu tage fördern. So stellt sich womöglich heraus, dass ein Patient bestimmte Vereinbarungen die im Therapievertrag festgelegt sind – zum Beispiel die Teilnahme an den Treffen der Anonymen Alkoholiker, sich um ein Praktikum bemühen, etc. – nicht einhält.

Die Reaktion des Patienten auf positive therapeutische Entwicklungen

Im Rahmen einer strukturierten Behandlung kommt es bei vielen BPS-Patienten zu deutlichen Verbesserungen in den Bereichen Arbeit und Liebesbeziehungen. Die therapeutischen Fortschritte sind oft beeindruckend, jedoch nicht selten gefährdet durch Versuche im Patienten selbst, sie wieder zunichte zu machen. Auch diese Punkte gilt es im Behandlungsprozess berücksichtigen beziehungsweise zu thematisieren.

Folgende Entwicklungen in der Behandlung lassen sich für die mittlere Therapiephase zusammenfassen:

Erstens der Rückgang des offenen Agierens, mit zunehmender Fokussierung der Interaktion zwischen Patient und Therapeut, zweitens die Beobachtung der vorherrschenden Übertragungsfokussierung, drittens die Verfolgung der Projektionen abgespaltener Repräsentanzen, viertens die Bewusstmachung und Integration dieser abgespaltenen Anteile, unter Berücksichtigung der Tatsache, dass sich Phasen der Integration mit Spaltung und Projektion abwechseln werden. Fünftens Beobachtung der Übertragungsthemen in anderen Bereichen (äußeres Leben des Patienten, Sichtweise der eigenen Lebensgeschichte, Phantasien) und sechstens die allmähliche Differenzierung des Verständnisses für einzelne Problemfelder in den bereichen Liebe, Arbeit und Freizeit.

10 Die fortgeschrittene Therapiephase und Beendigung der Therapie

Die fortgeschrittene Phase der TFP-Behandlung ist dann erreicht, wenn die abgespaltenen verfolgenden und idealisierten Übertragungsentwicklungen ausreichend durchgearbeitet und integriert sind. In dieser Phase haben die Patienten emotional verstanden, dass sie sich häufig sowohl mit einer Objektrepräsentanz einer entsprechenden Objektbeziehungsdyade identifizieren.

Die Zeitspanne, bis ein Patient die fortgeschrittene Therapiephase erreicht, variiert und kann zwischen sechs Monaten und mehreren Jahren liegen. Patienten mit weniger ausgeprägten antisozialen, paranoiden oder narzisstischen Persönlichkeitszügen erreichen diese Behandlungsphase meist schneller.

Doch auch in diesem Behandlungsabschnitt geht die Integration nicht kontinuierlich vonstatten. Regressionen auf Zustände, die wie die ersten Therapiesitzungen anmuten, mit Spaltung, projektiven Manövern, omnipotenter Kontrolle und Verleugnung von Erfahrungen, die in der aktuellen Übertragung vorherrschen, sind nicht untypisch. Allerdings dauern diese regressiven Episoden nicht mehr Tage oder Wochen, sondern könne in wenigen Sitzungen durchgearbeitet werden.

Die Veränderung des Patienten in der fortgeschrittenen Therapiephase manifestiert sich in der Regel wie folgt:

Der Patient ist in der Lage, frei und offen mit dem Therapeuten über die gemeinsame Beziehung zu sprechen.

Selbst- und Fremdkonzept – also das innere Bild des Therapeuten und der eigenen Person – verändern sich.

Der Patient ist in der Lage, Deutungen vom Therapeuten anzunehmen und sie zu sich selbst und zu anderen in Beziehung zu setzen.

Angst und Depressionen werden durch die Interventionen unmittelbar in der Sitzung aufgelöst.

Der Patient zeigt eine typisch fragile, aber anhängige Übertragung, das heißt, antisoziale Übertragungsmuster werden aufgelöst, die Intoleranz schwerer narzisstischer Strukturen hinsichtlich Neid und Abhängigkeit gehen ansatzweise zurück und paranoide

Übertragungen werden aufgelöst, begleitet von der Erkenntnis, dass die Wahrnehmung vom Therapeuten als Feind auf der Projektion abgespaltener Aggression basierte. Als letzter Punkte entwickeln sich in der Beziehung zum Therapeuten Reflexivität und ein klares Selbstbild.

10.1 Klinische Charakteristika der fortgeschrittenen Therapiephase

Auflösung psychopathologischer Übertragungen

Im Verlauf einer erfolgreichen Behandlung erfolgt ein Wechsel von vorwiegend psychopathischen und paranoiden zu depressiven Übertragungsmustern. Psychopathische Übertragungen mit bewusst täuschendem Verhalten des Patienten als wesentlichem Merkmal oder aber sein anhaltender Verdacht, vom Therapeuten betrogen zu werden, sollten in der fortgeschrittenen Therapiephase weitgehend zugunsten einer aufrichtigen Kommunikation aufgelöst sein.

Aufrichtige Kommunikation heißt nicht, dass Patienten nicht gelegentlich „Geheimnisse" haben können, die sie dem Therapeuten vorenthalten wollen. Sie bedeutet vielmehr, dass sich der Therapeut generell auf die Ehrlichkeit des Patienten in der Kommunikation verlassen kann, um solche vorübergehenden Kommunikationsbrüche während der regulären psychotherapeutischen Arbeit zu bearbeiten. Von dieser dritten Phase kann erst gesprochen werden, wenn psychopathische Übertragungen vollständig aufgelöst sind. Sie bilden sich zurück, wenn Patienten in der Lage sind, ihre ursprüngliche Überzeugung in frage zu stellen, der zufolge der Therapeut ausbeuterisch und unfähig zu Empathie sei, und dass die Beziehung ausschließlich auf der Überlegung basiere, wer was von wem zu erwarten habe und wer den anderen wofür benutzen könnte.

Kontrolliertes Agieren außerhalb der Sitzungen

Bei einem erfolgreichen Therapieverlauf sollte schweres Agieren außerhalb der Sitzungen bereits in den frühen Behandlungsphasen soweit unter Kontrolle sein, dass im Alltag des Patienten eine deutliche Normalisierung eintritt, der eine intensive Übertragungsregression in Form von Affektstürmen in den Sitzungen gegenüber steht. In den fortgeschrittenen Phasen der Behandlung erkennen Patienten den Unterschied zwischen der Toleranz des Therapeuten angesichts ihres regressiven Verhaltens in den Sitzungen selbst und der Notwendigkeit, genau dieses Verhalten außerhalb der Therapie zu kontrollieren, um ihre Schwierigkeiten einer therapeutischen Behandlung zugänglich zu machen, anstatt sie in ihrem Alltag zu agieren.

Um sich in der therapeutischen Arbeit stärker auf die Übertragung selbst konzentrieren zu können, sollten folgende Themen auf der Prioritätenliste, wie sie für frühere Therapiephasen typisch sind, signifikant an Bedeutung verloren haben: Erstens die Bedrohung des Lebens des Patienten oder anderer Personen, zweitens die Gefahr für die Fortführung der Behandlung und drittens Bedrohungen durch schweres destruktives oder selbstdestruktives Agieren außerhalb der Sitzungen.

Somatisierung

Es ist nicht ungewöhnlich, dass Patienten in dieser Behandlungsphase bei auftretenden körperlichen Beschwerden von sich aus in Frage stellen, welche emotionalen Schwierigkeiten sie dadurch wohl zu vermeiden suchen. Die Somatisierung selbst wird somit zu einem natürlichen Bestandteil der Exploration in der Übertragung.

Die Vertiefung der Beziehung zum Therapeuten

Die beginnende Fähigkeit des Patienten, den Therapeuten zu internalisieren, wird daran erkennbar, dass seine Phantasien über dessen Person und Handlungen realistischere Züge annehmen. Auch die Außenbeziehungen des Patienten gewinnen in der Darstellung an Lebendigkeit. Widersprüche im Verhalten des Patienten, die zuvor unerkannt geblieben waren, werden nunmehr sichtbar. Die Beziehung zum Therapeuten vertieft sich also: Der Patient weiß den Beitrag des Therapeuten zur Therapie mehr zu schätzen und seine Wahrnehmung des Therapeuten als Person ist von größerer Empathie und Realitätsnähe gekennzeichnet. Er erinnert sich an die gemeinsame Geschichte ihrer therapeutischen Beziehung. Widersprüchliche Übertragungen, die normalerweise Verwirrung stiften, werden noch in derselben Sitzung aufgelöst und gewinnen eine neue emotionale Tiefe und Dichte. Die Patienten arbeiten autonomer in den Sitzungen. Oft taucht neues Material auf – zum Beispiel Geheimnisse, die dem Therapeuten über längere Zeit vorenthalten wurden.

Hinweise auf strukturelle intrapsychische Veränderungen

Es gibt eine Reihe von Hinweisen auf einen strukturellen Wandel, die als Indikatoren auf die fortgeschrittene Therapiephase in der TFP gelten können, wie beispielsweise die Exploration der therapeutischen Interventionen. Während es zu den typischen Verhaltensmustern in früheren Therapiephasen gehört, auf Kommentare des Therapeuten automatisch mit Zurückweisung oder Widerspruch zu reagieren, ohne auch nur darüber nachgedacht zu haben, sind Patienten nunmehr sehr viel eher in der Lage und bereit, Äußerungen des Therapeuten aufzunehmen und für sich abzuwägen.

Auch das Beherrschen und Tolerieren des Bewusstwerdens von Hass ist ein wichtiger Indikator der fortgeschrittenen Therapiephase. Hier interessiert uns nunmehr das Nachlassen, also die Abnahme der direkten Äußerung von Gewalt in den Sitzungen, der aggressiven Zurückweisung all dessen, was vom Therapeuten kommt, der Triade aus Arroganz, Neugier und Pseudo-Dummheit, sowie deren schweren sadomasochistischen Übertragungen. Drei Grundtypen negativer therapeutischer Reaktionen auf Fortschritte im therapeutischen Prozess – sortiert nach Schweregrad:

Erstens als Folge von unbewussten Schuldgefühlen, die durch Fortschritte in der Therapie ausgelöst werden; kann in Gestalt einer masochistischen Übertragung auftreten.

Zweitens als Folge von Neid auf den Therapeuten; häufig bei narzisstischen Patienten: Jeder Erfolg wird vom Patienten als Beleg für die Überlegenheit des Therapeuten angesehen und von daher zunichte gemacht. Jegliche Erkenntnis soll also vermieden werden, dass der Therapeut in der Lage ist, dem Patienten zu helfen, was seine Überlegenheit signalisieren würde.

Drittens bei Patienten, die Destruktivität und Selbstdestruktivität als Triumph und Macht erleben: über Menschen, über Schmerz und Krankheit sowie generell über Leben und Tod; vor allem bei Patienten mit malignem Narzissmus oder antisozialer Persönlichkeitsstörung.

<u>Die Fähigkeit, Deutungen von Abwehrmechanismen zu nutzen</u>

In frühen Behandlungsphasen sind Deutungen oftmals wirksam, selbst wenn sie rundweg zurückgewiesen werden oder vorschnell akzeptiert werden. In den fortgeschrittenen Behandlungsphasen haben Deutungen eine Zunahme selbstreflexiver und selbstexplorativer Fähigkeiten des Patienten zur Folge. In den frühen Phasen empfiehlt es sich daher, das durch projektive Identifizierungen verzerrte Bild des Patienten vom Therapeuten zu deuten, ohne diese in frage zu stellen – und sie als das zu nehmen, was sie sind, das heißt innere Bilder des Patienten, die dieser auf den Therapeuten projiziert. Das schrittweise Tolerieren der Projizierten Repräsentanzen geht einher mit dem Erkennen und der Akzeptanz innerpsychischen Erlebens. Die wachsende Fähigkeit, eigene Projektionen wieder zurückzunehmen, ist ein typisches Merkmal der fortgeschrittenen Phase einer Psychotherapie von Patienten mit BPS und lässt auf eine wichtige strukturelle Veränderung schließen.

<u>Wechsel in den vorherrschenden Übertragungsthemen</u>

Der Übergang zur fortgeschrittenen Behandlungsphase zeichnet sich dadurch ab, dass es zu einem Wechsel in den vorherrschenden Übertragungsthemen kommt. Bei jedem Patienten

findet sich nur ein begrenzte Anzahl an Übertragungsmustern, die sich in den Monaten und Jahren der Behandlung stets wiederholen. Zu den Übertragungsthemen gibt es drei Deutungsschritte:
Erstens das Benennen der dominanten Beziehung in der Übertragung, zweitens das Identifizieren der Selbst- und Objektrepräsentanz und ihrer Interaktion und drittens die Integration der von einander abgespaltenen idealisierten und verfolgenden Selbst- und Objektrepräsentanzen. Selbst und Objekte gewinnen an Komplexität und Differenziertheit. Die alten und starren Beziehungsmuster werden durch neue Beziehungen ersetzt.

Behandlungstechnische Ansätze in der fortgeschrittenen Therapiephase
Die Notwendigkeit, dominante Übertragungsmuster systematisch zu analysieren, also mithilfe von Deutungen die abgespaltenen Übertragungen mit ihren Gegenpaaren schrittweise zusammenzuführen und zu integrieren, bleibt auch in der fortgeschrittenen Therapiephase ein wichtiges strategisches Prinzip. Die Wirksamkeit dieses Ansatzes ist an der Zunahme depressiver Übertragungen sichtbar, die ihrerseits von folgenden Merkmalen begleitet sind:
Erstens eine vertiefte affektive Beziehung zwischen Therapeut und Patient, zweitens durch die Integration und Reifung der affektiven Reaktionen, drittens durch das Tolerieren der Beziehungskontinuität und viertens eine Verminderung der abrupten Wechsel zwischen voneinander abgespaltenen Objektbeziehungen.
An diesem Punkt der Behandlung können die Auswirkungen innerpsychischer Spaltung besonders gut beobachtet werden. Ganze Bereiche im Leben eines Patienten, die bislang weder bearbeitet noch integriert wurden, können sich nun auftun.

10.2 Die Beendigung der Therapie
Die Frage der Beendigung einer TFP-Behandlung steht in engem Zusammenhang mit dem gesamten Therapieverlauf. Die Art und Weise, wie ein Patient das Ende seiner Therapie erlebt, liefert einen bedeutsamen Hinweis auf das erreichte Struktur- und Funktionsniveau. Die Psychodynamik von Trennungen und Trennungsreaktionen eines Patienten beschäftigen uns jedoch von Anbeginn einer Therapie, indem wir die Reaktionen eines Patienten auf alle Unterbrechungen der Behandlung – durch Wochenenden, Feiertage, Urlaube, Krankheit – thematisch bearbeiten. Das jeweilige Reaktionsmuster des Patienten zeigt an, wo er – bezogen auf die Schwere seiner Erkrankung und den psychotherapeutischen Prozess – gerade steht.

Die Beendigung der Therapie: Normale und Boderline-Persönlichkeitsorganisation
Wie reagieren Menschen mit einer normalen Persönlichkeitsorganisation, wenn eine zufriedenstellende und lang andauernde Therapie zu Ende geht und sie sich von ihrem Therapeuten trennen müssen? Es könne Gefühle von Traurigkeit, von Verlust und Trauer, aber auch von Freiheit und Wohlbefinden beobachtet werden. Es gibt die Bereitschaft zu einem Neuanfang – ähnlich einer normalen Trauerreaktion. Der Patient ist nicht übermäßig traurig, er weiß zu schätzen, was er vom Therapeuten erhalten hat, und er spürt, dass er nun gut allein zurechtkommen kann.

Wie reagieren Patienten mit einer BPS auf diese Trennung? Selbst kürzere Trennungen vom Therapeuten – etwa infolge von Krankheit, Feiertagen oder Urlaubsunterbrechungen – führen zu schwerer Trennungsangst. Anstelle von Traurigkeit kommt es zu heftiger Angst und Verlassenheitspanik, wobei es sich um eine Manifestation der paranoid-schizoiden Position handelt. Das Gefühl normaler Ambivalenz kann nicht ertragen werden, wodurch es schwer fällt, das gute innere Bild aufrecht zu erhalten. Traurigkeit fehlt, da diese Patienten keine Integration auf einem depressiven Niveau erreicht haben, das das positive Bild des enttäuschenden Objekts bewahren könnte. Die Trennungsangst mit vom Patienten als unmittelbare Folge der Frustration durch den Therapeuten interpretiert, die einen Angriff durch das fehlende und damit verfolgende Objekt darstellt.

Behandlungstechnische Konsequenzen
Wir sollte auf Trennungsangst bei BPS-Patienten behandlungstechnisch reagiert werden? Es bedarf einer eingehenden Exploration und Analyse, wann immer wir solche Reaktionen beobachten. Eine erfolgreiche Bearbeitung hilft dem Patienten, sich auf das Ende der Behandlung einzustellen.

Dazu gehört zum einen die Analyse von Trennungen während der Therapie. Als erstes muss das vorherrschende Funktionsniveau des Patienten diagnostiziert werden. Es darf nicht automatisch davon ausgegangen werden, dass alle Patienten unter Trennungsangst leiden. Weiterhin müssen die Objektbeziehungen herausgearbeitet werden, die den depressiven, ängstlichen oder wütenden Gefühlen des Patienten zugrunde liegen und seine Reaktionen auf Trennungen an Wochenenden, Urlaubszeiten und bei Krankheit bestimmen.

Häufig zeigt sich bei Trennungsangst die Phantasie, dass Trennung als Angriff und Verantwortungslosigkeit seitens des Therapeuten erlebt wird. Die auf den Therapeuten projizierte Wut geht mit der Überzeugung einher, im Stich gelassen zu werden und es mit einem Therapeuten zu tun zu haben, der nur an sein eigenes Wohlergehen und an der

Erfüllung seiner eigenen Wünsche interessiert ist, während er den Patienten allein zurück lässt. Es besteht ein heimlicher Hass auf den Therapeuten und der unbewusste Wunsch, beispielsweise dessen Urlaub zu ruinieren oder für jeden Schritt, den er ohne den Patienten unternimmt, Schuldgefühle zu wecken.

Analyse der Trennung bei Therapieende
Jede Trennung weckt unbewusste Wut, da die Trennung als Angriff erlebt wird und mit der unbewussten Zerstörung des Bildes vom guten Therapeuten einhergeht. Dies führt zu einem Gefühl tiefer innerer Leere und muss im Verlauf der Behandlung analysiert und bearbeitet werden. Wenn der Patient dem Therapeuten schlechte Absichten unterstellt, muss auch sein Misstrauen analysiert werden: sein Ärger und sein Neid auf das gute Leben des Therapeuten, der Wunsch, dieses Leben zu zerstören, und das Gefühl, das innere gute Bild des Therapeuten durch Hass vernichtet zu haben.

Ambivalenz dem Therapeuten gegenüber
In allen Fällen ist es wichtig, dem Patienten dabei zu helfen, seine Ambivalenzen dem Therapeuten gegenüber zu ertragen und das Tolerieren von Ambivalenz mit der Analyse der voneinander abgespaltenen Objektbeziehungen zu verbinden, wie es für die Behandlung von Borderline-Patienten typisch ist. Wichtig ist, die Trauerprozesse zu tolerieren, ihre Entfaltung zu ermöglichen, und sie nicht zu unterbinden oder zu übergehen.

Die Gegenübertragung des Therapeuten
Diese bietet oft einen guten Anhaltspunkt für aktuell vorherrschende Übertragungsmuster des Patienten. Aus praktischen Erwägungen ist es immer wichtig, den Abschluss der Behandlung rechtzeitig vorzubereiten, anzukündigen und den Patienten wissen zu lassen, in welchem Stadium der Behandlung er sich befindet. In jeder Langzeittherapie sollte wenigstens drei Monate vor Beendigung der Behandlung der genaue Zeitpunkt festgesetzt werden, im Idealfall von Therapeut und Patient gemeinsam.

Die zeitliche Planung der Beendigung der Therapie
Wann sollte die Therapie beendet werden? Idealerweise, wenn es zu einer Auflösung der Symptomatik und zu einer bedeutsamen Weiterentwicklung und Veränderung in der Persönlichkeit des Patienten gekommen ist. Wenn Lebens- und Therapieziele gleichermaßen erreicht wurden: das heißt, neben der Auflösung spezifischer

Symptomkomplexe – umfassende Verbesserungen in den Bereichen Liebe, soziale Kontakte, Arbeit und Freizeit. Allerdings sollte bereits während des gesamten Therapieverlaufs immer wieder überprüft werden, inwieweit diese Therapieziele bereits erreicht wurden.

11 Limitierungen und kritische Zusammenfassung

Ausgangspunkt der Behandlung ist der Versuch, die unbewussten psychischen Konflikte, unter denen der Patient leidet, in der Therapie zu halten. Dieses containment erfolgt dadurch, dass der Aufrechterhaltung des therapeutischen Rahmens und vor allem der Arbeit mit der Übertragung ständige Aufmerksamkeit gewidmet wird. Die Übertragung und die Übertragungsdeutung sind somit die zentralen Referenzpunkte der Behandlung. Eine TFP-Behandlung erfordert in der Regel den Aufbau einer langjährigen therapeutischen Beziehung. Sie stellt große Anforderungen an den Therapeuten wie den Patienten. Der Patient muss sich von der Vorstellung einer konkrete Hilfe gebenden Instanz, die nur positive Seiten hat, verabschieden. Der Therapeut muss aggressive Aspekte der Übertragung schnell und aktiv deutend ansprechen, auch wenn es ihm oft „lieber" wäre, den Patienten an dieser Stelle tröstend zu verstehen oder auch nur abzuwarten. Das Verfahren lässt sich nur anwenden, wenn der Patient bereit ist, sich auf einen umfangreichen Therapievertrag, Diagnostik und Videoaufzeichnungen einzulassen, also ein gewisses Maß an Ich-Struktur besitzt.

Mögliche Einschränkungen für das TFP-Verfahren sind:

Das Verfahren erfordert eine gewisse Intelligenz, welche die meisten Borderline-Patienten aber besitzen. Nur dann können die zum Teil komplexen Deutungen aufgefasst werden.

Das Verfahren erfordert zudem eine Suchtmittelfreiheit (Alkohol, Benzodiazepine, illegale Drogen etc.), besonders wenn dadurch die Vigilanz und kognitive Auffassungsgabe eingeschränkt sein sollten.

Einige Borderline-Patienten weisen so starke antisoziale oder maligne narzisstische Züge auf, dass sie auch durch Deutungen nicht in der Lage sind, ihre Regression und ihre Ich-Syntonie, die total sein können, und die (oft fast psychotische) Projektion und Externalisierung aufzugeben. Das verunmöglicht einen, wenn auch noch so begrenzten, Perspektivenwechsel sowie eine „wirkliche" Objektbeziehung.

Schließlich gibt es Borderline-Patienten, deren Selbstschädigungstendenzen eine solches Ausmaß und eine solche Häufigkeit angenommen haben („cutting-addicts"), dass sie dieses Verhalten nicht mehr einfach so (im Rahmen des Kontraktes) aufgeben können, um sich den dann auftretenden Affekten in der Therapie zu stellen. Diese Patienten brauchen manchmal vor einer TFP einen anderen therapeutischen Zugang, zum Beispiel im Rahmen einer spezifischen stationären Behandlung.

Möglicherweise könnten aber – um diese schwerstkranken Patienten zu erreichen – in Zukunft auch vermehrt TFP-Elemente in andere Behandlungsformen als jene der ambulanten Einzelpsychotherapie eingebaut werden (zum Beispiel in stationären Therapien oder auch ambulanten Gruppenbehandlungen).

Das TFP-Verfahren ist nichtsdestotrotz vor allem aus drei Gründen eine radikale Alternative:

Erstens arbeitet das Verfahren beinahe ausschließlich und von Anfang an in der Therapie mit den psychoanalytischen Techniken der Klärung, Konfrontation und vor allem auch der Deutung unbewusster Partialobjektbeziehungen, die sich in der Übertragung und Gegenübertragung manifestieren.

Zweitens stehen aggressive und destruktive Elemente früh im Fokus der Therapie, während supportive Elemente (Ermutigungen etc.) trotz der Schwere der Störung nicht angewendet werden.

Drittens wird – anders als in anderen Therapien – die zentrale Beziehungsstörung der Patienten durch die psychoanalytische Arbeit an und in der (Übertragungs-)Beziehung in den Mittelpunkt gestellt.

12 Literaturverzeichnis

Clarkin, J.F., Yeomans, F.E., Kernberg, O.F. (2001). *Psychotherapie der Borderline Persönlichkeit. Manual zur psychodynamischen Therapie.* Schattauer: Stuttgart.

Clarkin, J.F., Levy, K.N., Lenzenweger, M.F., Kernberg, O.F. (2007). Evaluating three treatments for borderline personality disorder: A multiwave study. *The American Journal of Psychiatry 164(6),* 922-8.

Dammann, G., (Herausgeber), Janssen, P.L. (2007). *Psychotherapie der Borderline-Störungen: Krankheitsmodelle und Therapiepraxisstörungsspezifisch und schulenübergreifend.* Thieme: Stuttgart.

Giesen-Bloo, J. (2006). Outpatient Psychotherapy for Borderline Personality Disorder. Randomized Trial of Schema-Focused Therapy vs Transference-Focused Psychotherapy. *Arch Gen Psychiatry 46,* 649-659.

Kernberg, O.F., Dulz, B., Sachsse, U.(2000). *Handbuch der Borderline-Störungen.* Schattauer: Stuttgart.

Leichsenring, F., Leibing, E. (2003). The Effectiveness of Psychodynamix Therapy and Cognitive Behavior Therapy in die Treatment of Personality Disorders: A Meta-Analysis. *American Journal of Psychiatry 160,* 1223-1232.

Levy, K.N., Clarkin, J.F., Kernberg, O.F. (2006). Change in attachment and reflective function in the treatment of borderline personality disorder with transference focused psychotherapy. *Journal of Consulting and Clinical Psychology 74(6),*1027-1040.

Perry, J.C., Banpn, E., Ianni, F. (1999). Effectiveness of Psychotherapy for Personality Disorders. *The American Journal of Psychiatry 156,* 1312-1321.